BEI GRIN MACHT SICH IHR WISSEN BEZAHLT

AF151994

- Wir veröffentlichen Ihre Hausarbeit,
  Bachelor- und Masterarbeit

- Ihr eigenes eBook und Buch -
  weltweit in allen wichtigen Shops

- Verdienen Sie an jedem Verkauf

Jetzt bei www.GRIN.com hochladen
und kostenlos publizieren

Die Olympischen Spiele als Mittel der Politik

Michael Wälischmiller

Bibliografische Information der Deutschen Nationalbibliothek:

Die Deutsche Nationalbibliothek verzeichnet diese Publikation in der Deutschen Nationalbibliografie; detaillierte bibliografische Daten sind im Internet über http://dnb.d-nb.de abrufbar.

ISBN: 9783640845576
Dieses Buch ist auch als E-Book erhältlich.

Druck und Bindung: Books on Demand GmbH, Norderstedt Germany
Gedruckt auf säurefreiem Papier aus verantwortungsvollen Quellen

Das vorliegende Werk wurde sorgfältig erarbeitet. Dennoch übernehmen Autoren und Verlag für die Richtigkeit von Angaben, Hinweisen, Links und Ratschlägen sowie eventuelle Druckfehler keine Haftung.

Das Buch bei GRIN: https://www.grin.com/document/167008

Korbinian-Aigner-Gymnasium   Kollegstufenjahrgang 2009/2011

Facharbeit

aus dem Fach

Sport

Thema: **Die Olympischen Spiele als Mittel der Politik**

Verfasser: Michael Wälischmiller

Leistungskurs: 3Sp1

Kursleiter: ███████████

Abgabetermin: 23.12.2010

Erzielte Note: _____   in Worten: _____

Erzielte Punkte: _____   in Worten: _____

(einfache Wertung)

Abgabe beim Kollegstufenbetreuer am: _____

_____

(Unterschrift des Kursleiters)

Inhaltsverzeichnis

Als im Oktober 2009 die Olympischen Spiele 2016 in Kopenhagen vergeben wurden, reisten US-Präsident Barack Obama und seine Frau persönlich in die dänische Hauptstadt. Obama war auf dem Höhepunkt seiner Popularität. Vor knapp einem Jahr hatte er die Präsidentschaftswahl gewonnen und gerade erst den Friedensnobelpreis erhalten. Nun wollte er das größte Sportereignis der Welt nach Amerika holen. Wenn der mächtigste Mann der Welt dafür um den halben Erdball reist, kann es nicht nur um Sport gehen. Da muss Politik im Spiel sein.[1]

1. Der olympische Gedanke nach Baron Pierre de Coubertin

Nach Baron Pierre de Coubertin, dem Mann, der die Olympischen Spiele 1896 in Athen wieder zum Leben erweckte, ist das oberste Ziel der Spiele Völkerverständigung. Ausdruck findet dieser Wunsch in der Olympischen Charta, dem „Regelwerk" der Spiele, an das sich jede teilnehmende Nation und jeder Sportler zu halten

Baron Pierre de Coubertin (Abb. 1) hat, zum anderen ist auch die olympische

Flagge ein Symbol dafür. Sie besteht aus fünf verschiedenfarbigen ineinander verschlungenen Ringen, wobei die Ringe für die fünf Kontinente der Erde stehen. Auf der olympischen Fahne erscheinen die Ringe auf weißem Grund. Ihre Farben – blau, gelb, schwarz, grün, rot und weiß – repräsentieren gleichzeitig die Nationalflaggen aller Nationen.[2] Die Flagge veran-

---

1 Vgl. http://www.stern.de/sport/sportwelt/olympia-vergabe-2016-chicago-und-tokio-scheitern-in-runde-eins-1512394.html

2 Vgl. http://multimedia.olympic.org/pdf/en_report_1304.pdf

schaulicht so also gewissermaßen einen internationalen Zusammenhalt aller Staaten. Coubertins große Hoffnung war es, dass die Spiele durch die Begegnung der Jugend im sportlichen Wettkampf einen wichtigen Beitrag zum Weltfrieden leisten würden. Die Hoffnung blieb Utopie.[3] Von Beginn an hatte es die olympische Bewegung nicht leicht. Man hatte einerseits mit der Zerstrittenheit der europäischen Staaten zu kämpfen und andererseits mit den imperialistischen Ansprüchen der Großmächte weltweit.[4] Direkt und indirekt nahm die Politik damit stets Einfluss auf die Olympiaden.

Doch damit nicht genug: Immer wieder in ihrer Geschichte wurden die Olympischen Spiele von Staaten, Organisationen, Gruppierungen und Einzelpersonen dazu benutzt, sich Gehör zu verschaffen und politische Interessen zu vertreten oder durchzusetzen. Die Spiele, bis hin zu den Sportlern, wurden dafür instrumentalisiert. Allzu oft wirkten die Absichten die dahinter standen, dem ursprünglichen Friedensgedanken von Coubertin entgegen. Aber auch seine Intuition ist keineswegs eine rein sportliche. Geht es um die Frage, ob die Olympischen Spiele ein Mittel der Politik sind, ist schon Coubertins Zielsetzung ein eindeutiger Hinweis. Denn Frieden und Völkerverständigung sind Aufgaben der Politik. Der Sport kann dabei höchstens Mittel zum Zweck sein, also ein Werkzeug der Politik. Die Olympischen Spiele sind im Positiven wie im Negativen Mittel der Politik. Diese Aussage soll in der nun folgenden Arbeit untermauert werden.

---

3 Vgl. http://www.planet-schule.de/wissenspool/olympische-spiele/inhalt/unterricht/frieden-und-voelkerverstaendigung-die-spiele-der-neuzeit.html#
4 Vgl. http://www.planet-schule.de/wissenspool/olympische- spiele/inhalt/sendungen/frieden-und-voelkerverstaendigung-die-spiele-der-neuzeit.html

2. Die olympischen Spiele in der Antike

2.1. Der „heilige Friede": Politik als Voraussetzung für die Spiele

Seinen Ursprung hat das Spektakel in der griechischen Antike. Alles begann auf dem Peloponnes vor etwa 3000 Jahren. In der Stadt Olympia fanden sportliche Wettkämpfe zu Ehren des Gottes Zeus statt, die nach dem Austragungsort als Olympische Spiele bezeichnet wurden.[5]

Wann genau die Spiele zum ersten Mal abgehalten wurden, ist bis heute nicht hundertprozentig geklärt,

Diskuswerfer in der Antike (Abb. 2)

doch man geht aufgrund zahlreicher Quellen davon aus, dass das Jahr 776 v. Chr. das Geburtsjahr der Spiele ist. Die sportlichen Wettkämpfe wurden alle vier Jahre wieder am selben Ort ausgetragen, weshalb der Zeitraum von vier Jahren seither „Olympiade" genannt wird. Von Boten wurde anlässlich der Olympischen Spiele ein sogenannter „heiliger Friede" ausgerufen, der vor, nach und während der Spiele unter allen teilnehmenden Stadtstaaten herrschen sollte. Sie wurden dazu aufgerufen, alle kriegerischen Auseinandersetzungen während der Spiele zu unterbinden, um den Athleten, aber auch den Zuschauern, eine gefahrlose Hin- und Rückreise zu sichern.[6] Auf diesem „heiligen Frieden", der damals während der Festtage herrschte, gründet auch der Gedanke von

---

5 Vgl. http://multimedia.olympic.org/pdf/en_report_659.pdf
6 Vgl. http://multimedia.olympic.org/pdf/en_report_659.pdf

Völkerverständigung durch die Olympischen Spiele, den Coubertin im 19. Jahrhundert wieder aufleben lassen will. Wenn eine Stadt die Waffenruhe nicht einhielt, wurde diese bestraft und durfte für eine gewisse Zeit nicht mehr an den Olympischen Spielen teilnehmen.[7] Wie man sieht, nehmen Spiele und Politik bereits in der Antike wechselseitig Einfluss aufeinander, schon damals war eine Trennung der beiden Bereiche Sport und Politik nicht möglich.

Das Wort Politik kommt aus dem Griechischen und bezeichnet Angelegenheiten, die die „Polis", modern gesprochen den Staat betreffen.[8] Der „heilige Friede" während der Spiele konnte nur von den Stadtstaaten gewahrt werden, das Olympische Fest war damit abhängig von der Politik, die die Voraussetzungen dafür schaffen musste. Andererseits wäre es ohne die Spiele nicht zu diesem zeitweiligen Frieden gekommen. Darüber hinaus wurden schon im antiken Griechenland die sportlichen Leistungen der Athleten stets auf das „Image" ihrer Heimat übertragen. Ein guter Sportler war immer gut für den Ruf seiner Stadt, die dadurch an Ansehen gewann.[9]

2.2. Kräftemessen zwischen Stadtstaaten

Schnell erkannten auch Politiker, welches Potenzial in den Spielen steckte, und es dauerte nicht lange, bis die Olympiade von einem religiösen Fest zu einem Kräftemessen zwischen Staaten geworden war. Einziges Ziel war es, die verfeindeten Staaten in den sportlichen Disziplinen zu besiegen und somit die Überlegenheit des eigenen Volkes zu demonstrieren.[10] Der faire Wettkampf blieb dabei auf der Strecke. Politische Macht entschied über

---

7 Vgl. http://www.auguste-piccard.ch/pages/TM-PDF/TM2005/TM2005Duvoisin.pdf
8 Vgl. http://politikdefinition.de/tag/politik-deutschland/
9 Vgl. http://archive.diary.ru/~iudAAAA/?comments&postid=47304371&htm&uid=&rss_signature=&
10 Vgl. http://archive.diary.ru/~iudAAAA/?comments&postid=47304371&htm&uid=&rss_signature=&

Sieg und Niederlage. Je größer sie war, desto schamloser waren die Manipulationen bis hin zum offenen Betrug, wie das Beispiel Kaiser Neros belegt: „Dann war es Roms unrühmlicher Kaiser Nero der im Jahre 67 Olympia endgültig zum Spektakel verkommen ließ. Mit einem Zehnergespann nahm er am olympischen Wagenrennen teil. Ob-

Der römische Kaiser Nero (Abb. 3)

wohl er schon in der ersten Runde vom Wagen stürzte, ließ er sich, dank seiner politischen Macht, zum Olympiasieger krönen und von den eingeschüchterten Kampfrichtern mit Siegeslorbeer bekränzen."[11] Letztendlich löste Kaiser Theodose die Spiele auf, als er im Jahr 393 nach Christus alle heidnischen Zeremonien verbieten ließ, zu denen seiner Ansicht nach auch die Olympischen Spiele zählten.[12]

3. Die Wiedereinführung der Spiele im 19. Jahrhundert

3.1. Coubertin und die olympische Bewegung

Erst Ende des 19. Jahrhunderts begann man, sich wieder für den antiken olympischen Kult zu interessieren. Der Franzose Pierre Frédy, Baron de Coubertin, war so fasziniert davon, dass er alles daran setzte, die Olympische Bewegung in der modernen Welt neu zu begründen. Nach reichlichen Anstrengungen gelang es ihm schließlich am 23. Juni 1894 einen Kongress aus verschiedenen Abgeordneten unterschiedlicher Organisationen zu bilden, woraus sich dann das „comité international des jeux olympiques" (Internationales Komitee der Olympischen Spiele) gründete, das heute „comité in-

11 Wange, W. B., Der Sport im Griff der Politik, Nördlingen, Bund-Verlag, 1988, S.20
12 Vgl. Wange, W. B., Der Sport im Griff der Politik, Nördlingen, Bund-Verlag, 1988, S.20

ternational olympique" heißt, Internationales Olympisches Komitee (IOC).[13]

Plakat für Athen 1896 (Abb. 4)

3.2 Die ersten Spiele 1896 bis 1912

Es folgten die ersten Olympischen Spiele der Neuzeit 1896 in Athen. Auch wenn die Olympischen Sommerspiele 1896 verglichen mit heutigen Austragungen sehr klein waren, waren sie doch größer als jede andere Sportveranstaltung, die bis zu diesem Zeitpunkt stattgefunden hatte und sorgten maßgeblich dafür, dass die Olympischen Spiele sich dauerhaft etablieren konnten.[14]

„Mit der [durch Coubertin erfolgten] Wiedererweckung der olympischen Idee und der Einführung neuer olympischer Spiele begann [nun], trotz mancher Vorläuferveranstaltungen in einzelnen Sportarten, das Zeitalter des modernen Sports. Und an der Wiege stand, wie sich zeigen sollte, die Politik."[15]

Im Jahr 1900 fanden die zweiten Olympischen Spiele auf Wunsch Coubertins in Paris statt. Sie waren schlecht organisiert, dauerten viel zu lange und standen im Schatten der Weltausstellung, die zur gleichen Zeit ebenfalls in Paris stattfand.[16] Auch Willy B. Wange bezeichnet diese Spiele als nur „wenig geliebtes Anhängsel an die Weltausstellung".[17] So war es auch vier Jahre später in St. Louis in den USA, wo die Spiele wieder nur ein Anhängsel der Weltausstellung waren, viel zu lange dauerten, nämlich ganze 162 Tage, und aufgrund der zu großen Entfernung nur von sehr wenigen ausländischen

13 Vgl. http://www.auguste-piccard.ch/pages/TM-PDF/TM2005/TM2005Duvoisin.pdf
14 Vgl. http://de.wikipedia.org/wiki/Olympische_Sommerspiele_1896
15 Wange, W. B., Der Sport im Griff der Politik, Nördlingen, Bund-Verlag, 1988, S.25
16 Vgl. http://www.olympiastatistik.de/ → Sommerspiele → Paris 1900
17 Wange, W. B., Der Sport im Griff der Politik, Nördlingen, Bund-Verlag, 1988, S.33

Soldaten im Ersten Weltkrieg (Abb. 5)

Sportlern besucht worden waren.[18]

Die Olympischen Zwischenspiele, die 1906 auf den Wunsch Griechenlands hin ausgetragen wurden, retteten aufgrund ihres Erfolges gewissermaßen die Olympische Bewegung und ließen die Menschen die beiden misslungenen Spiele zuvor vergessen.[19] Die Olympiaden in London 1908 und in Stockholm 1912 verliefen reibungslos und brachten einen großen Schub für die Olympiade mit sich.[20][21]

4. Die Spiele als Mittel der Politik

4.1 Der erste Weltkrieg: Die Spiele in Abhängigkeit von der Politik

1916 mussten die Spiele erstmals komplett abgesagt werden. Der Erste Weltkrieg, der seit 1914 tobte, machte eine Austragung – geplant war Berlin – unmöglich.[22] Die Welt stand in Flammen. Statt Frieden und Völkerverständigung, die von den Spielen gefördert werden sollten, war das Gegenteil eingetreten: Krieg. Durch diesen Ausfall der Spiele 1916 zeigt sich, wie stark die Olympischen Spiele und die Politik miteinander verbunden sind, oder vielmehr wie abhängig die gesamte Olympische Bewegung von der politischen Weltlage ist. Die Olympiade steht und fällt mit den politischen Gege-

18 Vgl. http://www.olympiastatistik.de/ →∙ Sommerspiele →∙ St. Louis 1904
18 Vgl. http://www.olympiastatistik.de/ →∙ Sommerspiele →∙ Athen 1906
20 Vgl. http://www.olympiastatistik.de/ →∙ Sommerspiele →∙ London 1908
21 Vgl. http://www.olympiastatistik.de/ →∙ Sommerspiele →∙ Stockholm 1912
22 http://www.planet-schule.de/wissenspool/olympische-spiele/inhalt/hintergrund/frieden-und-voelkerverstaendigung-die-spiele-der-neuzeit/hintergrund-1896-bis-1916.html#kapitel07

benheiten, sie ist der Politik in dieser Hinsicht voll und ganz ausgeliefert. Zwar sollen sich nach dem olympischen Gedanken Sportler miteinander messen und nicht Nationen, doch es waren und sind immer Staaten, die eine Olympiade ausrichten, und es sind auch die Staaten, die den Sportlern die Teilnahme ermöglichen. Weil aber Nationen politische Gebilde sind, ist es blauäugig zu glauben, Olympia und Politik könnten völlig getrennt werden. Sie sind sogar aufs Engste miteinander verflochten.

4.2 Antwerpen 1920: Ausschluss als Sanktionsmittel

1920 fanden die Spiele in Belgien, in Antwerpen, und 1924 dann ein zweites Mal in Paris statt. Deutsche sowie österreichische Sportler hatte man aufgrund der nach dem Krieg noch immer herrschenden politischen Spannungen nicht eingeladen.[23][24] De facto waren sie damit von der Teilnahme ausgeschlossen. Man kann darin eine Machtdemonstration der Sieger gegenüber dem Verlierer sehen beziehungsweise eine Bestrafung der Kriegstreiber. Die Olympischen Spiele werden als Sanktionsmittel eingesetzt. Die Spiele von 1928 in Amsterdam und 1932 in Los Angeles verliefen ohne größere Zwischenfälle.[25][26]

4.3 Die Olympischen Spiele 1936: Nationalsozialistische Propaganda, Beschwichtigung und Verschleierung

Einen ersten Höhepunkt erreicht die politische Instrumentalisierung der Spiele im Jahr 1936. Vom 1. bis zum 16. August fanden die Spiele in Berlin statt.[27] Im Herzen des nationalsozialistischen Regimes. Hitler legt die Ausrichtung der Olympiade in die Hände seines Propagandaministers Joseph

23 Vgl. http://www.olympiastatistik.de/ → Sommerspiele → Antwerpen 1920
24 Vgl. http://www.olympiastatistik.de/ → Sommerspiele → Paris 1924
25 Vgl. http://www.olympiastatistik.de/ → Sommerspiele → Amsterdam 1928
26 Vgl. http://www.olympiastatistik.de/ → Sommerspiele → Los Angeles 1932
27 Vgl. http://www.hs-merseburg.de/~nosske/EpocheII/rv/e2r_vbos.html

Goebbels.[28] Schon das ist ein Indiz dafür, dass Olympia als politisches Instrument eingesetzt werden soll. Laut einer Definition von Dr. Helga Pülzl dienen politische Instrumente „der Beeinflussung des Verhaltens unterschiedlicher AkteurInnen im Hinblick auf ein bestimmtes Ziel".[29]

Propagandaminister Goebbels (Abb. 6)

Bei der Vergabe der Spiele am 13. Mai 1931 an Berlin konnte noch niemand vorhersehen, dass die Weimarer Republik 1933 von einem diktatorischen Regime abgelöst werden würde. Als nach der Machtübernahme der Nationalsozialisten Antisemitismus und Rassenhass immer offenkundiger verherrlicht und propagiert wurden, kam es vor allem in den USA und in Frankreich zu ersten Boykottforderungen, die von vielen deutschen Emigranten unterstützt wurden. Doch die Nationalsozialisten, die noch bei Vergabe der Spiele gegen die Austragung in Deutschland protestiert und die Olympiade als ein „infames Spektakel, das die Juden dominieren" abgestempelt hatten, hatten mittlerweile das politische Potenzial der Spiele erkannt, und Hitler begann alles daran zu setzen, die Olympiade für sich und seine außen- wie innenpolitischen Interessen zu nutzen.[30]

Der Welt sollten die Größe und die Macht Deutschlands demonstriert werden, gleichzeitig wollte man sie beschwichtigen. Niemand dachte, dass von einem Deutschland, indem sich die Völker zu einem friedlichen und fröh-

28 Vgl. http://www.dhm.de/lemo/html/nazi/olymp/index.html
29 http://www.wiso.boku.ac.at/uploads/media/LV_Politik_HP_9_Politik_und_ihre_Instrumente.pdf
30 Vgl. http://www.dhm.de/lemo/html/nazi/olymp/index.html

lichen Sportfest trafen, eine Gefahr ausgehen könnte. Zudem sollten Bedenken hinsichtlich Rassismus und Antisemitismus, die Deutschland im Ausland immer mehr in schlechtes Licht rückten, zerstreut werden. Innenpolitisch hoffte man, die Aufmerksamkeit der Menschen und Medien auf dieses Großereignis zu lenken, und damit von dem Errichten von Konzentrationslagern und der Aufrüstung für den Krieg abzulenken.[31] Einen willkommenen Nebeneffekt sah Hitler in der Popularisierung des Sports, die den Fitnesszustand der Bevölkerung stark verbessern würde, was im Hinblick auf seinen Krieg ein zusätzlicher Gewinn war, den die Spiele mit sich brachten.[32] Zum ersten Mal in der Geschichte der Olympischen Spiele trat der Sport völlig in den Hintergrund. Sinn und Zweck war die Politik.

Als die kritischen Stimmen zum Austragungsort Berlin im Ausland immer vehementer wurden, forderte das IOC von der deutschen Regierung eine Stellungnahme zu den Vorwürfen. Daraufhin erklärte die NSDAP 1933, dass die Olympiade „allen Rassen und Konfessionen offen" stünde. Im Dezember 1935 entschied sich dann schließlich auch die USA zur Teilnahme. Eine Menge anderer Staaten folgten diesem Beispiel.[33] Das „Spiel" konnte beginnen, gesteuert von der Politik. Alle antisemitischen Parolen wurden aus der Stadt entfernt. Auch die Medien waren angewiesen, während der Dauer der Olympischen Spiele keinerlei Judenhass zu verbreiten, damit keiner der Besucher aus dem Ausland Verdacht schöpfte, was wirklich im Deutschen Reich vor sich ging.[34] Meinungs- und Pressefreiheit waren durch Repressionen ohnehin eingeschränkt, eine strikte Zensur verhinderte jegliche objektive Berichterstattung.[35]

---

31 Vgl. http://www.dhm.de/lemo/html/nazi/olymp/index.html
32 http://www2.mediamanual.at/themen/diverse/62Filzmaier-Olympische-Spiele-1896-1992.pdf
33 Vgl. http://www.dhm.de/~jarmer/olympiaheft/olympia3.htm
34 Vgl. http://www.dhm.de/~jarmer/olympiaheft/olympia4.htm
35 Vgl. http://www.dhm.de/lemo/html/nazi/olymp/index.html

Hitler auf dem Weg zur Eröffnungsfeier der Olympiade 1936 in Berlin. (Abb. 7)

Um die Täuschung perfekt zu machen, gingen sogar zwei Halbjuden für das deutsche Team an den Start: der Eishockeyspieler Rudi Ball und die Fechterin Helene Mayer. Am 1. August wurden die Spiele dann von Hitler selbst vor 100.000 Zuschauern im Olympiastadion eröffnet. Die Eröffnungsfeier bestand aus der Ankunft des ersten olympischen Fackellaufs aus dem griechischen Olympia sowie einem imposanten Lichtdom und Aufführungen der Hitlerjugend.[36] Eine perfekte Inszenierung für einen größenwahnsinnigen Politiker, dem das Spektakel vor allem galt. Nichts hatte man dem Zufall überlassen.

Trotzdem passierte etwas Ärgerliches für die Machthaber. Der Afroamerikaner Jesse Owens dominierte die Wettkämpfe und gewann gleich vier Goldmedaillen im 100-, 200- und 400- Meterlauf sowie im Weitsprung.[37] Angeblich weigerte sich Hitler, ihm zu gratulieren, aber die Quellen sind

---

36 Vgl. http://www.dhm.de/lemo/html/nazi/olymp/index.html
37 Vgl. http://www.planet-wissen.de/sport_freizeit/olympische_spiele/geschichte_der_olympischen_spiele/olympia_owens.jsp

sich nicht einig. Ebenso wenig wie über die Reaktion des Publikums.[38] So oder so aber hat Owens bei der Olympiade 1936, bei der der ganzen Welt die Überlegenheit der arischen Rasse vor Augen geführt werden sollte, eindrucksvoll das Gegenteil bewiesen und sämtliche Nazi-Theorien widerlegt.

US-Sprinter Jesse Owens (Abb. 8)

Dies war mit Sicherheit auch ein Grund, warum man in Deutschland neben dem offiziellen Medaillenspiegel auch einen sogenannten „arischen" Medaillenspiegel veröffentlichte, in dem zum einen alle afroamerikanischen Sieger nicht aufgelistet waren und ihre Medaillen auch nicht in die Wertung mit einflossen und zum anderen Deutsche Ehrenpreise in diversen Kunstwettbewerben einfach noch zu den Goldmedaillen hinzugezählt wurden.[39] Damit erreichten die Deutschen in diesem Jahr die meisten Medaillen und gewannen die Spiele vor den USA.[40] Hitlers Propagandaplan war aufgegangen. Mit Hilfe der Spiele hatte er die Welt getäuscht und hinterrücks seine wahren Absichten vorangetrieben. Olympia hatte sich als Werkzeug der Politik bestens bewährt.

Noch die 1938 anlaufenden Propagandafilme Leni Riefenstahls, „Fest der Schönheit" und „Fest der Völker" wurden auch im Ausland teilweise zu großen Erfolgen. Für die Nationalsozialisten war die Olympiade somit innen-

38 Vgl. http://de.wikipedia.org/wiki/Jesse_Owens
39 Vgl. http://www2.mediamanual.at/themen/diverse/62Filzmaier-Olympische-Spiele-1896-1992.pdf
40 Vgl. http://www.dhm.de/lemo/html/nazi/olymp/index.html

wie außenpolitisch ein großer Schritt nach vorne. Die Einschränkung der Pressefreiheit durch Goebbels' Propagandaministerium, die Evakuierung aller in Berlin lebenden Sinti und Roma an den Stadtrand nach Marzahn und die Errichtung des Konzentrationslagers Sachsenhausen nur wenige Kilometer vor Berlin parallel zur Olympiade wurden im In- und Ausland kaum wahrgenommen.[41]

Weil der Zweite Weltkrieg wütete, war 1940 und 1944 an eine Ausführung der Spiele nicht zu denken, und erneut hatten die olympische Bewegung und ihr Gedanke von Frieden und Völkerverständigung einen Rückschlag in Kauf zu nehmen.[42][43] Der Krieg verhinderte die Olympiade und nicht, wie es von Coubertin und seinesgleichen gedacht war, umgekehrt.

4.4 Die Olympischen Spiele als „Waffe" im Kalten Krieg:

Der Kalte Krieg teilt die Welt in West und Ost. (Abb. 9)

Sportpolitik am Beispiel der DDR

1948 war Deutschland, wie schon nach dem Ersten Weltkrieg, aufgrund seiner Rolle im Krieg nicht zu den Spielen eingeladen.[44] „[Ab] 1949[, als] der „Eiserne Vorhang" [endgültig] zwischen den beiden Teilen Deutschlands herunter[...][ging] [...] war [damit] zwangsläufig auch die Teilung des deut-

41 Vgl. http://www.dhm.de/lemo/html/nazi/olymp/index.html
42 Vgl. http://www.uni-protokolle.de/Lexikon/Olympische_Sommerspiele_1940.html
43 Vgl. http://www.uni-protokolle.de/Lexikon/Olympische_Sommerspiele_1944.html
44 http://www.wissen.de/wde/generator/wissen/ressorts/sport/olympische_spiele/olympische_
winterspiele_historisch/index,page=1308976.html

schen Sports besiegelt."[45] Die Grenze verlief nicht nur durch Deutschland, sondern teilte die Welt in Ost und West, in Kommunismus beziehungsweise Sozialismus und Kapitalismus. Der Kalte Krieg begann und Olympia wurde zu einem der Kriegsschauplätze. Hier wurde der Kampf der Systeme ausgetragen. Auch die einzelnen Sportler wurden dafür benutzt, wie das Beispiel DDR stellvertretend für andere Ostblockstaaten zeigen soll. West- und Ostdeutschland schlugen sportpolitisch ab diesem Zeitpunkt völlig unterschiedliche Wege ein.[46]

Während sich die Vereine in der BRD autonom verwalteten und von der Politik unabhängig waren, kam es in der DDR ganz anders. Dort wurde

Die gesamtdeutsche Olympia-Mannschaft in Melbourne 1956 (Abb. 10)

der Sport hierarchisch aufgebaut, und an oberster Stelle stand der Staat. Schnell hatte man nämlich erkannt, dass sportliche Erfolge ein gutes Mittel waren, um das Staatsimage aufzupolieren und der ganzen Welt die Überlegenheit des sozialistischen Systems vor Augen zu führen. Die Leidtragenden dabei waren letztendlich, wie so oft, die Sportler. Der Zweck, den der Sport in der DDR erfüllen sollte, war nicht etwa Spaß oder Entfaltung der eigenen Persönlichkeit. Er wurde komplett unter die Verantwortung der Politiker gestellt, die Sport nur noch als Möglichkeit sahen, das Volk zum Sozialismus zu erziehen und vor allem auch das Ansehen der Nation zu verbessern. Dabei schreckten sie vor nichts zurück, um junge

45 Wange, W. B., Der Sport im Griff der Politik, Nördlingen, Bund-Verlag, 1988, S. 209
46 Vgl. http://www.faz.net/s/Rub68FDA4A608754C02AC66D51F934B1607/Doc~E5FCB448B2FB
04165AE63DE1C3E7DEBB9~ATpl~Ecommon~Sspezial.html

Männer und Frauen auf sportliche Höchstleistungen zu bringen, damit diese bei internationalen Wettbewerben, wie der Olympiade, massenweise Medaillen einbrachten.[47] Der Sport wurde zur Aufgabe der Politik, man betrieb
sozusagen Sportpolitik. Solange das IOC die BRD und DDR während der
Spiele von 1952 bis 1964 gezwungen hatte, als gesamtdeutsche Mannschaft
bei der Olympiade anzutreten, wobei sich die DDR 1952 in Helsinki noch
vehement geweigert hatte, hielt sich diese drastische Sportpolitik im Osten
durchaus noch in Grenzen.[48]

Erst im Jahre 1968 in Mexiko City, als DDR und BRD erstmals mit zwei
getrennten Mannschaften bei der Olympiade antreten durften, begann man
im Osten von Seiten der Politik massiven Druck auf den Sport auszuüben,
und man setzte alles daran, stets eine erstklassige Olympiamannschaft zu
präsentieren.[49] Dies gelang auch, und im Laufe der Jahre wurden die Mannschaften durch die intensive Förderung des Sports immer stärker. Hier die
Beweise: 1968 errang die DDR 25 Medaillen, 1972 kam die ostdeutsche
Mannschaft bereits auf 66 Medaillen, und bis 1988, dem letzten Auftritt der
DDR bei einer Olympiade, steigerte man sich auf 102 Medaillen, verwies dadurch sogar die USA auf Platz drei und rückte selbst an zweite Stelle hinter
die erstplatzierte UdSSR, die den „olympischen Krieg" anführte.[50]

Damit der Sport in der gewünschten Weise funktionierte, wurde er mas-
siv gefördert. Es gab ein umfassendes System der Sichtung und Erfassung
potenzieller Olympiakader. Man holte die effektivsten Trainer und Sport-
wissenschaftler aus der Sowjetunion als Ausbilder in die DDR, ausgewählte

47 Vgl. Skript, LK-Sport, 2010/11, Psychol., soziale und gesellschaftliche Aspekte des Sports Nr. 1-2
48 Vgl. http://www.faz.net/s/Rub68FDA4A608754C02AC66D51F934B1607/Doc~E5FCB448B2FB
04165AE63DE1C3E7DEBB9~ATpl~Ecommon~Sspezial.html
49 Vgl. Wange, W. B., Der Sport im Griff der Politik, Nördlingen, Bund-Verlag, 1988, S.227-238
50 http://www.uni-protokolle.de/Lexikon/DDR-Sport.html#Medaillenspiegel_der_DDR_bei_
olympischen_Spielen

Sportler wurden zum Training aus ihrem normalen Alltag gelöst, und immer neue Sportstätten entstanden, die ausschließlich den Spitzensportlern vorbehalten waren.[51]

Mit Sicherheit trug das alles zu den sportlichen Erfolgen der DDR bei. Solange die Mauer stand, wusste niemand, dass bei den sportlichen Höchstleistungen der ostdeutschen Athleten noch ein ganz anderer Faktor im Spiel war, nämlich Doping. So kam mit dem Mauerfall 1989 eine Wahrheit ans Licht, die wohl in diesem Umfang niemand vermutet hatte. Über Jahre hinweg wurde in der DDR ein staatliches Dopingprogramm durchgeführt, das sogar vor Jugendlichen und kleinen Kindern nicht Halt machte und denen – ohne ihr Wissen – Dopingmittel, getarnt als „Vitamintabletten", ins Essen gemischt wurden. Einem Großteil der Leistungssportler wurden unter ärztlicher Aufsicht routinemäßig Dopingmittel verabreicht, um eine enorme Leistungssteigerung zu erzielen.[52]

Dem Triumph bei internationalen Wettkämpfen und vor allem bei Olympischen Spielen wurden Gesundheit und Leben der Sportler untergeordnet. Neben starken körperlichen Spätfolgen bei einem Großteil der damaligen Spitzensportler waren auch Fehlgeburten und behinderter Nachwuchs oftmals ein Schicksal, das diese Menschen ereilte.[53] „Ein trauriges Beispiel, welches belegt, unter welchem Missbrauch die Spitzen-

DDR-Athletin Birgit Böse (Abb. 11)

51 Vgl. http://www.dhm.de/~jarmer/olympiaheft/olympi10.htm
52 Vgl. http://www.on-dope.de/doping-in-der-ddr
53 Vgl. http://www.on-dope.de/doping-in-der-ddr

sportler zu leiden hatten, war die Kugelstoßerin Birgit Böse. Sie gab offen zu, dass bei einer gynäkologischen Untersuchung festgestellt wurde, dass ihre Geschlechtsorgane denen einer Elfjährigen glichen. Daher ergab sich eine Unfruchtbarkeit und bis heute Kinderlosigkeit."[54] Der Sport, und damit die Olympiade, war gänzlich in die Fänge der Politik geraten, wurde komplett zweckentfremdet und schamlos für staatliche Interessen missbraucht. Die Olympischen Spiele waren nur noch ein Mittel zur Machtdemonstration einzelner Staaten.

4.5 Die Olympischen Spiele in Mexiko 1968

4.5.1 Blutiges Massaker

Doch nicht nur der Kalte Krieg hatte sich der Olympiade bemächtigt. Auch aus anderen politischen Gründen nutzten Staaten die Spiele mit fatalen Folgen. So kam es im Vorfeld der Olympischen Spiele in Mexiko 1968 zu schwerwiegenderen Zwischenfällen. Da mehrere tausend Studenten seit einiger Zeit gegen das Bildungssystem und die repressive Regierung protestiert hatten, beschloss diese, den Aufstand noch vor Beginn der Spiele notfalls mit Waffengewalt aufzulösen. Die Regierung wollte sich nicht von Demonstranten vor der Weltöffentlichkeit anklagen lassen, und die Niederschlagung des Aufstands, so dachte man wohl, würde im olympischen Trubel untergehen. Die Olympiade kam den Machthabern gerade recht, sie war der perfekte Deckmantel für ein Massaker: Bei einer öffentlichen Kundgebung am 2. Oktober, zehn Tage vor Beginn der Olympiade, eröffnete das Militär das Feuer auf die Demonstranten und richtete ein Blutbad mit hunderten Toten an. Schon war der „Olympische Friede" wieder hergestellt, und die Spiele konnten kaum zwei Wochen später ohne Probleme stattfinden.[55]

---

54 http://www.on-dope.de/doping-in-der-ddr
55 Vgl. http://www.stern.de/politik/ausland/mexiko-1968-das-blutbad-vor-olympia-619161.html

4.5.2 Protest und Demonstration: Black Power

Für Aufregung während der Spiele sorgten dann der dunkelhäutige Sieger im 200-Meter-Lauf, Tommie Smith, und Bronze-Gewinner John Carlos,

Protest mit schwarzen Socken und Fäusten: Tommie Smith (Mitte) und John Carlos (Abb. 12)

die nur mit schwarzen Socken an den Füßen aufs Podium stiegen und zur amerikanischen Nationalhymne mit gebeugtem Kopf ihre schwarz behandschuhte Faust in den Himmel streckten. Mit diesem Symbol der Bürgerrechtsbewegung „Black Power" protestierten sie gegen die Diskriminierung der afroamerikanischen Bevölkerung.[56] Selbst sagten sie: „Wenn wir einen Olympiasieg holen, sind wir Amerikaner, wenn nicht, schimpfen sie uns Neger."[57]

Und auch so kann Olympia zum Mittel der politischen Meinungsäußerung werden. Nirgendwo sonst konnte man eine so breite Öffentlichkeit und weltweite Aufmerksamkeit erreichen. Die Konsequenz aus der Aktion der beiden Olympiasieger war, dass beide vom US-Komitee suspendiert wurden und das Olympische Dorf verlassen mussten.[58] Trotzdem wurden sie imitiert. Die zwei Sieger im 400-Meter Lauf trugen auf dem Podium schwarze Basken-

56 Vgl. http://www.ard.ndr.de/peking2008/geschichte/1968/index.html
57 http://www.ard.ndr.de/peking2008/geschichte/1968/index.html
58 Vgl. http://www.ard.ndr.de/peking2008/geschichte/1968/index.html

mützen und warfen ebenfalls während der amerikanischen Nationalhymne ihre Fäuste als Ausdruck ihres Protests in die Luft. Andere schwarze Sportler des amerikanischen Teams brachten ihre Haltung zum Ausdruck, indem sie sich vom senegalesischen Team typisch afrikanische Kleider ausliehen und diese Kleider während der Dauer der Spiele im Olympischen Dorf trugen.[59] Die Olympiade erwies sich nicht nur als ideale Plattform, um sich Gehör zu verschaffen, sondern auch um Angst und Schrecken zu verbreiten, wie sich vier Jahre später zeigen sollte.

4.6. Die Olympiade in München 1972: Terrorismus

Bis 1972 hatte sich die Politik am Veranstaltungsort und zur Zeit der Spiele auf gewaltfreie Aktionen beschränkt. Die dahinterstehende Gewalt blieb – zum Beispiel in Berlin 1936 – stets im Umfeld der Spiele verborgen. In München passierte es erstmals, dass Sportler selbst während der Spiele angegriffen wurden und politischen Zielen zum Opfer fielen. „Niemand konnte vorhersehen, da[ss] die Auseinandersetzung zwischen Arabern und Israelis von arabischen Terroristen bis ins olympische Dorf getragen werden würde."[60]

Am 5. September 1972 drangen acht Mitglieder der palästinensischen Terrororganisation „Schwarzer September" ins Olympische Dorf Münchens ein und nahmen elf israelische Sportler als Geiseln. Zwei von ihnen wurden noch an Ort und Stelle erschossen. Im Gegenzug zur Freilassung der restlichen forderten sie die Freilassung und das freie Geleit von rund 200 Terroristen, die in israelischen Gefängnissen inhaftiert waren. Außerdem sollten die erst kürzlich inhaftierten deutschen RAF-Mitglieder Andreas Baader und Ulrike Meinhof freikommen. Die sportlichen Wettkämpfe wurden unterbro-

59 Vgl. http://www.auguste-piccard.ch/pages/TM-PDF/TM2005/TM2005Duvoisin.pdf
60 Vgl. Wange, W. B., Der Sport im Griff der Politik, Nördlingen, Bund-Verlag, 1988, S. 255

Einer der Terroristen im olympischen Dorf von München 1972 (Abb. 13)

chen, es folgten Verhandlungen mit den Terroristen, die es geschafft hatten, sich der Spiele zu bemächtigen, um damit ihren Forderungen den größtmöglichen Nachdruck zu verleihen.[61]

Die israelische Regierung machte gleich zu Anfang klar, dass es zu keinen Freilassungen kommen würde. Daraufhin boten sich Bundesinnenminister Hans-Dietrich Genscher, der bayerische Innenminister Bruno Merk und Münchens Polizeipräsident Manfred Schreiber selbst als Ersatzgeiseln an und versprachen Lösegeld in unbegrenzter Höhe. Doch auch das lehnten die Terroristen ab und forderten stattdessen, mit einer Boing 727 in den arabischen Raum ausgeflogen zu werden. Man ging zum Schein auf die Forderung ein und brachte sie zum Militärflughafen nach Fürstenfeldbruck. Dort ereignete sich dann ein Blutbad. Alle israelischen Sportler, vier der palästinensischen Attentäter sowie ein Polizist kamen teils im Kugelhagel der missglückten Befreiungsaktion, teils durch Handgranaten der Terroristen ums Leben.[62]

61 Vgl. http://www.br-online.de/kultur/gesellschaft/olympische-spiele-1972-DID1208962802067/
olympische-spiele-1972-muenchen-und-das-attentat-geiselnahme-ID1208948326994.xml
62 Vgl. http://www.br-online.de/kultur/gesellschaft/olympische-spiele-1972-DID1208962802067/
olympische-spiele-1972-muenchen-und-das-attentat-geiselnahme-ID1208948326994.xml

„The Games must go on": IOC-Präsident
Avery Brundage in München (Abb. 14)

Die ganze Welt ging davon aus, dass mit der Trauerfeier, die am nächsten Tag für die Opfer der Geiselnahme stattfand, die Spiele von München beendet würden. Selbst Willi Daume, der Chef des deutschen NOK, befürwortete einen Abbruch. Der amtierende IOC-Präsident Avery Brundage traf jedoch die umstrittene Entscheidung: „The Games must go on!" In seiner Begründung sagte er, dass man es nicht zulassen könne, dass eine Handvoll Terroristen den Kern internationaler Zusammenarbeit und guten Willens zerstöre, den die olympischen Spiele darstellen würden.[63] Eine Entscheidung, die im Nachhinein zu befürworten ist, denn wenn dieser Anschlag den Abbruch der Spiele nach sich gezogen hätte, wäre dies erstens ein Anreiz für Nachahmungen gewesen, und zweitens hätte man die Spiele endgültig der Politik ausgeliefert. „[Dennoch ist] [...] seit den Spielen von München [...] aller Welt klar, da[ss] jede globale sportliche Großveranstaltung eine vom Terrorismus als wertvoll erkannte Bühne ist, auf der spektakuläre Aktionen die größte Aufmerksamkeit erzielen können."[64]

Bis zum Jahre 1996, als die Olympischen Wettkämpfe in Atlanta ausgetragen wurden, blieben weitere gewalttätige Aktionen, entgegen allen Erwartungen, während der Zeit der Spiele aus. Erst dort kam es erneut zu einem blutigen Zwischenfall. Der 30-jährige Amerikaner Eric Rudolph platzierte damals während eines Rockkonzerts im Rahmenprogramm der Olympiade eine Bombe, die zwei Menschen tötete und 111 weitere verletzte. Ihm ging es jedoch nur indirekt um seine politische Meinung, und er arbeitete auch

63 Vgl. Wange, W. B., Der Sport im Griff der Politik, Nördlingen, Bund-Verlag, 1988, S. 257-258
64 Wange, W. B., Der Sport im Griff der Politik, Nördlingen, Bund-Verlag, 1988, S. 256

nicht im Auftrag einer terroristischen Organisation, sondern das Motiv für die Tat war, wie er selbst sagte, sein Hass auf die amerikanische Regierung.[65]

4.7 Boykotte

4.7.1 Rassismus und Sticheleien: Die Spiele 1952 bis 1972

Auch wenn die Olympischen Spiele ab 1972, mit Ausnahme des Anschlags von 1996 ohne jegliche Gewalt abliefen, so waren sie dennoch in keiner Weise frei von politischer Einflussnahme. Ganz im Gegenteil, denn während der 80er Jahre erreichte der politische Machtkampf zwischen den USA und der Sowjetunion, der Kalte Krieg, seinen Höhepunkt. Dabei wurden jahrzehntelang auf beiden Seiten alle nur erdenklichen politischen, ökonomischen und militärischen Anstrengungen unternommen, bis hin zu Stellvertreterkriegen, um den Einfluss des anderen Lagers weltweit einzudämmen oder zurückzudrängen.[66] Dass dieser Machtkampf der Superlative auch das Olympische Fest nicht verschonte, wurde schon am Beispiel der DDR dargelegt. Der Weg, auf dem hierbei die Politik nach Olympia gebracht wurde, lautet Boykott.

Ein Olympiaboykott ist der Entschluss einzelner oder mehrerer Länder, nicht an Olympischen Spielen teilzunehmen, um dadurch Druck auf andere Staaten, meist auf das Land, das die Spiele ausrichtet, auszuüben.[67] Boykotte bei der Olympiade waren zu Zeiten des Kalten Krieges jedoch schon lange keine Neuheit mehr. Immer wieder in der Geschichte der Spiele hatte es Boykottdrohungen und Boykotte gegeben. In Helsinki 1952 beispielsweise blieb National-China (Taiwan) den Spielen fern, weil die verhasste Volksrepublik China („Rotchina") eine Einladung bekommen hatte. Taiwan drückte mit

65 Vgl. http://einestages.spiegel.de/static/topicalbumbackground/201/gefeiert_gejagt_gebrochen. html
66 Vgl. http://de.wikipedia.org/wiki/Kalter_Krieg
58 Vgl. http://www.olympia-lexikon.de/Olympia-Boykott

dem Fernbleiben seinen Protest aus.[68] Es konnte China damit nicht wirklich schaden, aber es immerhin vor der Welt anschwärzen. 1968 in Mexiko drohten 40 afrikanische Staaten mit Boykott, da Südafrika, das aufgrund rassischer Diskriminierung (Apartheid) schwarze Sportler aus der Olympiamannschaft ausgeschlossen hatte, in das IOC aufgenommen worden war. Daraufhin wurde Südafrika wieder ausgesperrt.[69]

Auch die Spiele in München 1972 hatten mit großem sportpolitischem Ärger begonnen. Weil das IOC Rhodesien, das heutige Zimbabwe, teilnehmen ließ, drohten 40 schwarzafrikanische Staaten wegen der Rassenpolitik in Rhodesien mit der Abreise. Auch diese Drohung hatte Erfolg, und das IOC schloss Rhodesien wieder aus.[70] Die Boykotte zeigten Wirkung, sie eigneten sich hervorragend dazu, andere Staaten vor den Augen der Welt an den Rand zu drängen oder sie auszuschließen.

4.7.2 Höhepunkt des Kalten Krieges

4.7.2.1 Der Krieg in Afghanistan und die Spiele in Moskau 1980

Derlei Boykotte gab es viele, doch die bedeutsamsten und schwerwiegendsten waren zum einen der Boykott der Spiele 1980 in Moskau durch die USA und zum anderen der Boykott der Spiele 1984 in Los Angeles durch die Sowjetunion. Dabei standen politische Machtinteressen im Vordergrund. „Als zum Ende des [...] Jahres [1979] die Sowjets ihre Interessen im nachbarlichen Afghanistan bedroht fühlten, konnte sie natürlich der Gedanke an Olympia nicht von einem Einmarsch in Afghanistan abhalten."[71] Daraufhin „forderte US-Präsident Jimmy Carter das IOC auf, die Spiele in eine andere

---

68 Vgl. http://www.olympia-lexikon.de/Olympia-Boykott
69 Vgl. http://www.welt.de/sport/article1927335/Das_IOC_bestraft_Suedafrikas_Apartheidregime.html
70 Vgl. http://www.olympia-lexikon.de/Olympia-Boykott
71 Wange, W. B., Der Sport im Griff der Politik, Nördlingen, Bund-Verlag, 1988, S. 268

27

Stadt zu verlegen, zu verschieben oder ganz ausfallen zu lassen. Andernfalls drohte er einen weltweiten Teilnahmeboykott an und verlangte auch gleichzeitig von den amerikanischen Bündnispartnern Solidarität."[72]

Medaillenspiegel					
Platz	Land	Gold	Silber	Bronze	Gesamt
1	UdSSR	80	69	46	195
2	DDR	47	37	42	126
3	Bulgarien	8	16	17	41
4	Kuba	8	7	5	20
5	Italien	8	3	4	15
6	Ungarn	7	10	15	32
7	Rumänien	6	6	13	25
8	Frankreich	6	5	3	14
9	Vereinigtes Königreich	5	7	9	21
10	Polen	3	14	15	32

Medaillenspiegel Moskau 1980 (Abb. 15)

Sowohl in den USA selbst als auch in vielen anderen Ländern wurde heftig über eine Teilnahme an der Moskauer Olympiade diskutiert. 65 nationale olympische Komitees von damals 148 vom IOC anerkannten entschlossen sich, die Spiele zu boykottieren, darunter die USA, nach langem Hin und Her auch Deutschland, Kanada, Japan und China.[73] Die Folge war ein wahrer Medaillensegen für die UdSSR, die aufgrund des Mangels an Spitzensportlern aus dem Westen ganze 80 Goldmedaillen abräumte. Auch die DDR war mit 47mal Gold gewissermaßen ein Nutznießer der westlichen Boykotte.[74]

4.7.2.2 Die Spiele in Los Angeles 1984

1984, als dann die Spiele nach Los Angeles in die USA vergeben worden waren, wurde der Spieß einfach umgedreht. Nachdem am 1. September 1983 ein südkoreanisches Passagierflugzeug von einem sowjetischen Abfangjäger wegen Verletzung des Luftraumes abgeschossen worden war, verstärkte sich damit die antisowjetische Stimmung in den USA weiter. Dies nahm die UdSSR zum Vorwand, als sie im März 1984 erklärte, sie würde die Einladung

---

72 http://www.dw-world.de/dw/article/0,,3452846,00.html
73 Vgl. http://www.olympia-lexikon.de/Olympia-Boykott
74 Vgl. http://www2.mediamanual.at/themen/diverse/62Filzmaier-Olympische-Spiele-1896-1992.
pdf

nach Los Angeles aus Angst um die Sicherheit ihrer Athleten angesichts der antisowjetischen und antikommunistischen Aktivitäten in den USA ablehnen. 19 Ostblockstaaten, mit der einzigen Ausnahme Rumäniens, erklärten daraufhin ebenfalls ihren Teilnahmeverzicht.[75] Ob dieser Boykott der Sowjets sich wirklich nur auf die Furcht um die Sicherheit ihrer Athleten zurück führen lässt oder ob es in Wirklichkeit einfach eine Retourkutsche für den Boykott der Moskauer Spiele durch den Westen war, wurde niemals geklärt.

Medaillenspiegel					
Platz	Land	Gold	Silber	Bronze	Gesamt
1	Vereinigte Staaten	83	61	30	174
2	Rumänien	20	16	17	53
3	BR Deutschland	17	19	23	59
4	China	15	8	9	32
5	Italien	14	6	12	32
6	Kanada	10	18	16	44
7	Japan	10	8	14	32
8	Neuseeland	8	1	2	11
9	Jugoslawien	7	4	7	18
10	Südkorea	6	6	7	19

Medaillenspiegel Los Angeles 1984 (Abb. 16)

An dieser Stelle muss man jedoch sagen, dass auf Grundlage des Kalten Krieges und des Hasses, der damals zwischen beiden Nationen herrschte, es wahrscheinlicher ist, dass dieser Boykott mehr eine Racheaktion war und weniger Schutzmaßnahme für die Athleten. Sportlich kam, was kommen musste. Die Spiele waren ohne die Sportler aus dem Ostblock ziemlich einseitig. Die USA gewannen 147 Medaillen, davon 83 goldene und ließen den zweitplatzierten Rumänien mit 53 Medaillen im Gesamten weit hinter sich.[76] Wenn man rückblickend die beiden Boykotte betrachtet, kann man sagen, dass sie überflüssig waren. Bei beiden Boykotten waren die Sportler die Leidtragenden, politisch änderte der Olympiaboykott nichts. Für die betreffenden Staaten aber war er ein Mittel der gegenseitigen Schuldzuweisung beziehungsweise der Rache.

---

75 Vgl. http://www2.mediamanual.at/themen/diverse/62Filzmaier-Olympische-Spiele-1896-1992. pdf
76 Vgl. http://www2.mediamanual.at/themen/diverse/62Filzmaier-Olympische-Spiele-1896-1992. pdf

Hier zeigt sich wieder, wie abhängig die Olympiade vom Wohlwollen einzelner Nationen und ihrer führenden Politiker ist. Die Olympiade wurde in beiden Fällen schamlos missbraucht, um einen Machtkampf auszutragen, der weder mit Sport zu tun hatte noch in irgendeinem Zusammenhang mit der Olympiade stand. Wieder einmal wurde der Gedanke an Völkerverständigung missachtet, und die Olympiade wurde unfreiwillig zum Schauplatz politischer Auseinandersetzungen, die dort nichts zu suchen hatten.

Nachdem der Kalte Krieg zu Ende gegangen war, sich die weltpolitische Lage im Großen und Ganzen wieder stabilisiert hatte und die Spannungen zwischen den Supermächten abnahmen, wurde es auch auf der olympischen Bühne nach und nach ruhiger, und man konnte sich wieder stärker auf das Wesentliche konzentrieren, nämlich den Sport. Erst bei den Spielen von Peking 2008 rückte die Politik wieder in den Vordergrund. Doch dieses Kapitel der Olympiade ist Teil einer anderen Arbeit.

5. Das Internationale Olympische Komitee

5.1 Status und Aufgaben

Dass Staaten die Olympischen Spiele benutzen, um Politik zu betreiben, steht außer Frage. Immer wieder aber gerät auch die Dachorganisation von Olympia, das Internationale Olympische Komitee (IOC), in ein politisches Zwielicht und in den Verdacht, Handlanger politischer Interessen zu sein. Das IOC ist eine nichtstaatliche Organisation. Es besteht aus Mitgliedern verschiedener Nationen, und seine Aufgaben sind neben der Vergabe der Spiele auch ihre Organisation und die Betreuung. Rechtlich ist das IOC ein Verein, es hat damit eigentlich keine politische Macht.[77]

---

77 Vgl. http://de.wikipedia.org/wiki/Internationales_Olympisches_Komitee

5.2 Politische Möglichkeiten

Doch indirekt ist sein Einfluss nicht zu unterschätzen. Schon mit der Wahl des Austragungsortes greift es in die Politik eines Staates ein, für den damit zum Beispiel auch wirtschaftliche Konsequenzen verbunden sind. Gleichzeitig kann es ein Land mit der Vergabe aufwerten oder ihm umgekehrt

einen Dämpfer geben, wie sich im Oktober 2009 in Kopenhagen gezeigt hat, als es Barack Obama abblitzen ließ, der die Spiele nach Chicago holen wollte, um damit auch einen politi-

US-Präsident Barack Obama (Abb. 17)

schen Erfolg zu erzielen.[78] Diese Möglichkeit hat es auch mit seinen Einladungen zu den Spielen oder dem Ausschluss einzelner Länder. Doch tatsächlich reagiert das IOC bei solchen Entscheidungen meist auf Druck von anderen Staaten, wie die Beispiele Südafrika und Rhodesien gezeigt haben. Es wird also selbst benützt.

Zwar betont das Komitee seine Neutralität, andererseits gab es immer wieder auch Korruptionsgerüchte, die sich 1998 tatsächlich bestätigten. IOC-Mitglieder hatten sich bestechen lassen, um ihre Stimme für Salt Lake City als Ort der Olympischen Winterspiele abzugeben.[79] Es ist das IOC selbst – nicht nur bei diesem Skandal –, das sich mit seinem Verhalten und den eigenen Widersprüchen immer wieder in die Kritik bringt. Einerseits beruft es sich auf die politischen Ziele Frieden und Völkerständigung, andererseits kann es solche Versprechen nicht erfüllen, da ihm dazu die politische Macht fehlt, das IOC ist auf den guten Willen der Staaten angewiesen.

---

78 Vgl. http://www.stern.de/sport/sportwelt/olympia-vergabe-2016-chicago-und-tokio-scheitern-in-runde-eins-1512394.html

79 Vgl. http://www.rp-online.de/sport/Neue-Vorwuerfe-gegen-IOC-und-Nagano_aid_296684.html

In welcher Zwickmühle das IOC steckt, zeigte sich bei den Olympischen Spielen in Peking.[80] Man warf dem IOC vor, mit den Olympischen Spielen ein undemokratisches System zu legitimieren, in dem die Menschenrechte mit Füßen getreten werden. Das IOC versuchte damit zu argumentieren, dass die Spiele eine Verbesserung der Menschenrechtssituation bringen sollten. Als dem nicht so war, zog man sich plötzlich auf die Neutralität zurück und beschwichtigte die Welt, indem man sagte, dass der Sport nun einmal keine Insel der Seligen sei.[81] [82]

Man gewinnt den Eindruck, dass das IOC selbst seine politischen Möglichkeiten überschätzt. Letzten Endes ist es politisch gesehen ziemlich handlungsunfähig. Ganz davon abgesehen gibt es in der Charta des IOC keine Vorschriften zu den politischen Systemen der Mitgliedsstaaten, das heißt auch diktatorische Regime sind nicht ausgeschlossen. Dem IOC sind damit die Hände gebunden, es läuft aber immer Gefahr, sich als Erfüllungsgehilfe politischer Machthaber missbrauchen zu lassen.[83] Der Präsident des Deutschen Olympischen Sportbundes, Dr. Thomas Bach, hat dazu Folgendes gesagt: „…man muss die politischen Implikationen im Auge haben, aber politische Neutralität wahren, soweit das möglich ist."[84]

80 Vgl. http://www.zeit.de/2008/14/China-Olympia
81 Vgl. http://www.faz.net/s/Rub68FDA4A608754C02AC66D51F934B1607/Doc~E1CD79DE74C3 D4E839C7EE489B352AF0D~ATpl~Ecommon~Scontent.html
82 Vgl. http://www.focus.de/politik/ausland/menschenrechte-ioc-chef-gibt-machtlosigkeit-zu_ aid_327344.html
83 Vgl. http://www.bpb.de/themen/ZR1S4X,0,Sportpolitik_und_Olympia.html
84 http://www.schattenblick.de/infopool/sport/meinung/spmeko25.html

6. Die Spiele als Beitrag zum Frieden

Ich denke anhand all der Beispiele, die ich in meiner Arbeit aufgeführt habe, ist es ganz offensichtlich: Die Olympischen Spiele sind Mittel der Politik, die diese vielfältig und gezielt für ihre Zwecke einsetzt. Die Arten, auf die sich die Politik bei Olympiaden bemerkbar macht, umfassen, wie man sieht, ein weites Spektrum. Dieses reicht vom Missbrauch der Spiele zu Propagandazwecken über die Druckausübung auf andere Nationen durch Boykotte bis hin zur politischen Bühne für Minderheiten, um ihre politischen Anliegen und Meinungen, sei es gewaltfrei oder mit Gewalt, an eine breite Öffentlichkeit zu bringen.

Man muss, meiner Ansicht nach, ganz einfach akzeptieren, dass die Politik schon seit der Antike zur Olympiade gehörte und auch in Zukunft immer wieder ins olympische Geschehen eingreifen und die Olympiade für ihre Zwecke nutzen wird, solange ein so großes öffentliches Interesse auf diesem Fest ruht. Die Welt richtet ihre Augen alle vier Jahre auf Olympia, und genau aus diesem Grund ist es auch kaum verwunderlich, wenn einzelne Personen, Gruppierungen oder Staaten genau das als Anlass nehmen, um eine politische Botschaft um die Welt zu senden. Nirgendwo erregt ein Boykott wohl mehr Aufmerksamkeit, und nirgendwo erreicht die Nachricht eines Anschlags oder Protests mehr Menschen als bei Olympia.

Die Spiele sind der perfekte Ort und ein hervorragendes Mittel für politische Absichten. Allerdings auch im Positiven. Man sollte nicht vergessen, dass Frieden und Völkerverständigung hohe politische Ziele sind, die schon in der Antike und später von Coubertin mit den Spielen verknüpft wurden. Trotz allen Missbrauchs denke ich, dass die Spiele auch dazu einen wich-

tigen Beitrag leisten können. Wo sonst außerhalb der Olympischen Spiele treffen so viele unterschiedliche Nationen zusammen, wo sonst lernen sich Menschen aus den entlegensten Regionen der Welt kennen, knüpfen Freundschaften oder können Vorurteile über einander ablegen. All das ist Völkerverständigung. Und nicht nur Sportler, sondern auch Staatsoberhäupter und Regierungschefs treffen bei der Olympiade aufeinander und haben die Möglichkeit, sich in unpolitischer Atmosphäre auszutauschen, so dass die Olympiade somit auch dazu beiträgt, dass der Frieden gewahrt wird. Abschließend steht fest, dass die Olympiade in ihrer Gesamtheit eine geniale Idee ist und eine Bereicherung für die Weltgemeinschaft.

Literaturverzeichnis

Bücher

Wange, W. B., Der Sport im Griff der Politik, Nördlingen, Bund-Verlag,

1988

Schulmaterial

Skript, LK-Sport, 2010/11, Psychologische, soziale und gesellschaftliche

Aspekte des Sports Nr. 1-2

Internetquellen

Hinweis des Verfassers: Funktionieren unten aufgeführte Links nicht per Mausklick,
bitte kopieren und in die Adresszeile des Browserfensters einfügen

Chicago und Tokio scheitern in Runde eins, Internetseite:

http://www.stern.de/sport/sportwelt/olympia-vergabe-2016-chicago-und-

tokio-scheitern-in-runde-eins-1512394.html

vom 2. Oktober 2009, aufgerufen am 13.12.2010

Das Olympische Museum: Die Olympischen Symbole, Internetseite:

http://multimedia.olympic.org/pdf/en_report_1304.pdf

von 2007, aufgerufen am 13.12.2010

Frieden und Völkerverständigung – Die Spiele der Neuzeit, Internetseite:

http://www.planet-schule.de/wissenspool/olympische-spiele/inhalt/unter-

richt/frieden-und-voelkerverstaendigung-die-spiele-der-neuzeit.html#

aufgerufen am 13.12.2010

Das Olympische Museum: Die Olympischen Spiele des Altertums, Internetseite: http://multimedia.olympic.org/pdf/en_report_659.pdf

von 2007 aufgerufen am: 13. 12. 2010

Duvoisin, Amanda, Olympische Spiele und Politik? Ein Fest zur Völkerverständigung oder Krieg der Nationen?, Internetseite:

http://www.auguste-piccard.ch/pages/TM-PDF/TM2005/TM2005Duvoisin.pdf

von 2005, aufgerufen am 23.12.2010

Politik Definition, Internetseite:

http://politikdefinition.de/tag/politik-deutschland/

vom 20.03. 2010, aufgerufen am 13.12.2010

Die olympische Idee durch die Zeit, Internetseite:

http://archive.diary.ru/~iudAAAA/?comments&postid=47304371&htm&uid =&rss_signature=&

vom 24.Oktober 2008, aufgerufen am 13.12.2010

Olympische Sommerspiele 1896, Internetseite:

http://de.wikipedia.org/wiki/Olympische_Sommerspiele_1896

vom 17.11.2010, aufgerufen am 13.12.2010

Paris 1900 - Das Chaos der 162 Tage, Internetseite:

http://www.olympiastatistik.de/ → Sommerspiele → Paris 1900

aufgerufen am 14.12.2010

St. Louis 1904 - Olympische Spiele wieder nur Anhängsel der Weltausstellung, Internetseite:

http://www.olympiastatistik.de/ → Sommerspiele → St. Louis 1904

aufgerufen am 14.12.2010

Athen 1906 – Der „Bastard" rettet die Olympischen Spiele, Internetseite:

http://www.olympiastatistik.de/ → Sommerspiele → Athen 1906

aufgerufen am 14.12.2010

London 1908 - London setzt Qualitätsmaßstab, Internetseite:

http://www.olympiastatistik.de/ → Sommerspiele → London 1908

aufgerufen am 14.12.2010

Stockholm 1912 – Die königlichen Spiele von Stockholm, Internetseite:

http://www.olympiastatistik.de/ → Sommerspiele → Stockholm 1912

aufgerufen am 14.12.2010

Reckendorf, Gerhard, Die ausgefallenen Spiele: 1916 in Berlin,

Internetseite:

http://www.planet-schule.de/wissenspool/olympische-spiele/inhalt/hintergrund/frieden-und-voelkerverstaendigung-die-spiele-der-neuzeit/hintergrund-1896-bis-1916.html#kapitel07

aufgerufen am 14.12.2010

Antwerpen 1920 - Die ersten Olympischen Spiele nach dem 1. Weltkrieg,

Internetseite:

http://www.olympiastatistik.de/ → Sommerspiele → Antwerpen 1920

aufgerufen am 14.12.2010

Paris 1924 - Spiele weiterhin ohne deutsche Beteiligung, Internetseite:

http://www.olympiastatistik.de/ → Sommerspiele → Paris 1924

aufgerufen am 14.12.2010

Amsterdam 1928 - Erstmals Leichtathletikwettbewerbe für Frauen,

Deutsche wieder am Start, Internetseite:

http://www.olympiastatistik.de/ → Sommerspiele → Amsterdam 1928

aufgerufen am 14.12.2010

Los Angeles 1932 - Die zweiten Spiele in den Staaten und außerhalb

Europas, Internetseite:

http://www.olympiastatistik.de/ → Sommerspiele → Los Angeles 1932

aufgerufen am 14.12.2010

Noske, Thomas , Olympische Spiele Berlin 1936, Internetseite:

http://www.hs-merseburg.de/~nosske/EpocheII/rv/e2r_vbos.html

von 2006, aufgerufen am 14.12.2010

Die XI. Olympischen Sommerspiele in Berlin 1936, Internetseite:

http://www.dhm.de/lemo/html/nazi/olymp/index.html

aufgerufen am 14.12.2010

Pülzl, Helga, Dr. , Politik und ihre Instrumente, Internetseite: http://www.
wiso.boku.ac.at/uploads/media/LV_Politik_HP_9_Politik_und_ihre_Inst-
rumente.pdf

Vom 14.11.2005, aufgerufen am 14.12.2010

Filzmaier, Peter, Prof., Dr., Sport und Medien: Olympische Spiele , Politik

und Medien 1896-1992, Internetseite:

http://www2.mediamanual.at/themen/diverse/62Filzmaier-Olympische-

Spiele-1896-1992.pdf

vom Dezember 2007, aufgerufen am 14.12.2010

Bleiß, Regine, Olympische Spiele 1936 - Proteste und Boykottbestrebun-

gen, Internetseite:

http://www.dhm.de/~jarmer/olympiaheft/olympia3.htm

aufgerufen am 14.12.2010

Von Hegel, Andrea, Die Stunde der Propagandisten – Propaganda zu den

Olympischen Spielen 1936, Intenetseite:

http://www.dhm.de/~jarmer/olympiaheft/olympia4.htm

aufgerufen am 14.12.2010

Kracht, Claudia, Jesse Owens – Olympiastar 1936, Internetseite:

http://www.planet-wissen.de/sport_freizeit/olympische_spiele/geschich-

te_der_olympischen_spiele/olympia_owens.jsp

vom 01.06.2009, aufgerufen am 14.12.2010

Jesse Owens, Internetseite:

http://de.wikipedia.org/wiki/Jesse_Owens

vom 14.12.2010, aufgerufen am 14.12.2010

Filzmaier, Peter, Prof., Dr., Sport und Medien: Olympische Spiele, Politik und Medien, Internetseite:

http://www2.mediamanual.at/themen/diverse/62Filzmaier-Olympische-Spiele-1896-1992.pdf

vom Dezember 2007, aufgerufen am 14.12.2010

Olympische Sommerspiele 1940, Internetseite:

http://www.uni-protokolle.de/Lexikon/Olympische_Sommerspiele_1940.html

aufgerufen am 14.12.2010

Olympische Sommerspiele 1944, Internetseite:

http://www.uni-protokolle.de/Lexikon/Olympische_Sommerspiele_1944.html

aufgerufen am 14.12.2010

London 1948 – Erste Spiele nach dem Weltkrieg, Internetseite: http://www.wissen.de/wde/generator/wissen/ressorts/sport/olympische_spiele/olympische_winterspiele_historisch/index,page=1308976.html

aufgerufen am 14.12.2010

Olympia war immer politisch – Kalter Krieg im Zeichen der Ringe, Internetseite: http://www.faz.net/s/Rub68FDA4A608754C02AC66D-51F934B1607/Doc~E5FCB448B2FB04165AE63DE1C3E7DEBB9~ATpl~Ecommon~Sspezial.html

aufgerufen am 14.12.2010

DDR-Sport, Internetseite:

http://www.uni-protokolle.de/Lexikon/DDR-Sport.html#Medaillenspiegel_

der_DDR_bei_olympischen_Spielen

aufgerufen am 14.12.2010

Michaelis, Andreas, Die DDR und Olympia, Internetseite: http://www.

dhm.de/~jarmer/olympiaheft/olympi10.htm

aufgerufen am 14.12.2010

Doping in der DDR, Internetseite:

http://www.on-dope.de/doping-in-der-ddr

aufgerufen am 14.12.2010

Keppeler, Toni, Mexiko 1968, Blutbad vor Olympia, Internetseite: http://

www.stern.de/politik/ausland/mexiko-1968-das-blutbad-vor-olym-

pia-619161.html

vom 02.05.2008, aufgerufen am 14.12.2010

Mexiko-Stadt 1968 – Höher gleich schneller und weiter, Internetseite:

http://www.ard.ndr.de/peking2008/geschichte/1968/index.html

aufgerufen am 14.12.2010

Olympische Spiele 1972 – München und das Attentat, Internetseite:

http://www.br-online.de/kultur/gesellschaft/olympische-spiele-

1972-DID1208962802067/olympische-spiele-1972-muenchen-und-das-

attentat-geiselnahme-ID1208948326994.xml

vom 23.04.2008, aufgerufen am 14.12.2010

Pitzke, Mark, Der Held von Atlanta - Gefeiert, gejagt, gebrochen, http://einestages.spiegel.de/static/topicalbumbackground/201/gefeiert_gejagt_gebrochen.html

vom 23.08.2007, aufgerufen am 15.12.2010

Kalter Krieg, Internetseite:

http://de.wikipedia.org/wiki/Kalter_Krieg

aufgerufen am 14.12.2010

Olympia-Boykott, Internetseite:

http://www.olympia-lexikon.de/Olympia-Boykott

aufgerufen am 15.12.2010

Enneking, Katharina, Olympia 1968 – IOC bestraft Afrikas Apartheid Regime, Internestseite: http://www.welt.de/sport/article1927335/Das_IOC_bestraft_Suedafrikas_Apartheidregime.html

vom 22.04.2008, aufgerufen am 15.12.2010

Göbel, Alexander, Moskau 1980 – Der Höhepunkt der Olympiaboykotte

http://www.dw-world.de/dw/article/0,,3452846,00.html

aufgerufen am 15.12.2010

Internationales Olympisches Komitee, Internetseite: http://de.wikipedia.org/wiki/Internationales_Olympisches_Komitee

Aufgerufen am 15.12.2010

Neue Vorwürfe gegen IOC und Nagano, Internetseite:

http://www.rp-online.de/sport/Neue-Vorwuerfe-gegen-IOC-und-Nagano_

aid_296684.html

vom 17.12.2000, aufgerufen am 15.12.2010

Siemes, Christof, Olympia – verlogene Ohnmacht,Internetseite:

http://www.zeit.de/2008/14/China-Olympia

vom 1.4.2008, aufgerufen am 15.12.2010

Hahn, Jörg, Olympia – Die Doppelmoral der politischen Spiele, Internetsei-

te: http://www.faz.net/s/Rub68FDA4A608754C02AC66D51F934B1607/

Doc˜E1CD79DE74C3D4E839C7EE489B352AF0D˜ATpl˜Ecommon˜Scont

ent.html

Vom 12.05.2008, aufgerufen am 15.12.2010

Menschenrechte – IOC gibt Machtlosigkeit zu, Internetseite: http://www.

focus.de/politik/ausland/menschenrechte-ioc-chef-gibt-machtlosigkeit-

zu_aid_327344.html

vom 24.08.2008, aufgerufen am 15.12.2010

Güldenpfennig, Sven, Sportpolitik und Olympia, Internetseite: http://www.

bpb.de/themen/ZR1S4X,0,Sportpolitik_und_Olympia.html

vom 07.08.2008, aufgerufen am 15.12.2010

IOC will Macht und Einflussbereich auf die UNO ausdehnen,Internetseite:

http://www.schattenblick.de/infopool/sport/meinung/spmeko25.html

vom 05.04.2009, aufgerufen am 15.12.2010

Bildnachweis

Hinweis des Verfassers: Funktionieren unten aufgeführte Links nicht per Mausklick, bitte kopieren und in die Adresszeile des Browserfensters einfügen

Abbildung 1 – Baron Pierre de Coubertin

http://www.ambafrance-gr.org/france_grece/IMG/jpg/AEF34_Pierre_de_ Coubertin.jpg

Abbildung 2 – Diskuswerfer in der Antike

http://de.academic.ru/pictures/dewiki/71/Greek_statue_discus_thrower_2_ century_aC.jpg

Abbildung 3 – Der römische Kaiser Nero

http://de.academic.ru/pictures/dewiki/86/Vittelius_monnaie_ag1.JPG

Abbildung 4 – Plakat für Athen 1896

http://www.mapsofworld.com/olympic-trivia/images/olympic-posters/ athens1896.jpg

Abbildung 5 – Soldaten im Ersten Weltkrieg

http://www.bmlv.gv.at/facts/geschichte/bgendarmerie/galerie/vollbild/ bgen_s15.jpg

Abbildung 6 – Propagandaminister Joseph Goebbels

http://firstrunfeatures.com/presskits/goebbels_experiment/images/goeb- bels1.jpg

Abbildung 7 – Hitler auf dem Weg zur Eröffnungsfeier der Olympiade 1936 in Berlin.

http://de.academic.ru/pictures/dewiki/66/Bundesarchiv_Bild_183-G00372__Berlin__XI__Olympiade__Eroffnung.jpg

Abbildung 8 – US-Sprinter Jesse Owens

http://www.myberlinfor.me/media/images/Jesse_Owens.jpg

Abbildung 9 – Der Kalter Krieg teilt die Welt in West und Ost.

http://upload.wikimedia.org/wikipedia/commons/c/c3/Cold_war_europe_military_alliances_map_de.png

Abblidung 10 – Die gesamtdeutsche Olympiamannschaft in Melbourne 1956

http://www.faz.net/s/Rub68FDA4A608754C02AC66D51F934B1607/Doc~E5FCB448B2FB04165AE63DE1C3E7DEBB9~ATpl~Ecommon~Sspezial.html

Abbildung 11 – DDR-Athletin Birgit Böse

http://einestages.spiegel.de/hund-images/2008/05/15/21/fca321800692f-36c6e6c444c24f0eee7_image_document_large_featured_borderless.jpg

Abbildung 12 – Protest mit schwarzen Socken und schwarzen Fäusten : Tommie Smith und John Carlos

http://asmp.org/culture/bestof2008/Clarkson/1968_BlackPowerSalute.jpg

Abbildung 13 – Einer der Terroristen im olympischen Dorf von München

1972

http://www.celluloid-dreams.de/content/images/kritiken-filmbilder/muenchen/muenchen-3.jpg

Abbildung 14 – „The Games must go on": IOC-Präsident Avery Brundage

in München

http://www.ndr.de/fernsehen/sendungen/hitlisten_des_nordens/

attentat100_v-gallery.jpg

Abbildung 15 – Medaillenspiegel Moskau 1980

http://de.wikipedia.org/wiki/Medaillenspiegel_der_Olympischen_Sommer-

spiele_1980

Abbildung 16 – Medaillenspiegel Los Angeles 1984

http://de.wikipedia.org/wiki/Medaillenspiegel_der_Olympischen_Sommer-

spiele_1984

Abbildung 17 – US-Präsident Barack Obama

http://www.abendblatt.de/multimedia/archive/00186/obama_HA_Poli-

tik_Wa_186656c.jpg